OBSERVATIONS

SUR UN ÉCRIT DE M. CH. NISARD

CONTRE

L. ANGLIVIEL DE LA BEAUMELLE

PARIS. — IMPRIMERIE DE CH. MEYRUEIS ET COMP.,
Rue Saint-Benoit, 7. — 1853.

OBSERVATIONS

SUR UN ÉCRIT DE M. CH. NISARD

CONTRE

L. ANGLIVIEL DE LA BEAUMELLE

SUIVIES D'UNE NOTICE BIOGRAPHIQUE

PARIS

CHERBULIEZ, LIBRAIRE
Rue de la Monnaie, 10

LEDOYEN, LIBRAIRE
Palais-Royal, gal. d'Orléans, 31

ET A LA LIBRAIRIE, RUE TRONCHET, 2

1853

Ces Observations devaient paraître au mois de mars dernier. Des circonstances indépendantes de notre volonté, et sans intérêt pour le public, en ont retardé la publication jusqu'à ce jour.

30 juin 1853.

MAURICE ANGLIVIEL,
Bibliothécaire du Dépôt de la Marine.

OBSERVATIONS

SUR UN ÉCRIT DE M. CH. NISARD

CONTRE

L. ANGLIVIEL DE LA BEAUMELLE

M. Charles Nisard a publié dans l'*Athenæum français* (n°s 1, 2-3, 9, 13, 17, 23. 3 juillet-4 décembre 1852) un écrit qu'il a intitulé : *Étude littéraire
sur La Beaumelle*.

Cette publication nous a mis dans l'obligation
d'adresser au directeur de l'*Athenæum* les deux lettres qu'on va lire.

Nous aurions dédaigné de nous occuper de l'œuvre de M. Nisard, et nous n'aurions pas pensé surtout à en entretenir le public, si nous n'avions craint
que le nom qu'il porte n'exerçât une influence fâ-
cheuse sur la mémoire d'un homme honorable qu'il
attaque de la manière la plus injuste, et qui ne peut
plus lui répondre.

C'est à nous qu'il appartient aujourd'hui de
prendre sa défense, et nous osons nous flatter, en
accomplissant ce devoir, d'obtenir l'approbation de
ceux qui jetteront les yeux sur ces quelques pages.

PREMIÈRE LETTRE,

adressée à M. Vivien de Saint-Martin, directeur de l'Athenæum français.

Paris, 1er août 1852.

MONSIEUR,

J'ai lu dans le premier numéro de votre journal une étude sur La Beaumelle. L'auteur débute par des détails sur l'enfance de La Beaumelle qu'il emprunte à Voltaire. *Ils sont trop curieux*, dit-il, *pour ne pas les rapporter en entier.*

Je regrette que M. Nisard n'ait pas puisé à d'autres sources pour se procurer des renseignements exacts sur la famille et sur l'enfance de La Beaumelle, et qu'il se soit exposé ainsi à transcrire un long récit de Voltaire, qui lui paraît *vraisemblable* et qui est complétement faux. Vous allez en juger :

Laurent Angliviel de La Beaumelle, frère de mon père, naquit à Valleraugue, et non à Vallerangue, le 28 janvier 1726, et non en 1727. Sa mère, Susanne d'Arnal, était catholique, et non point calviniste. Elle mourut en 1729, laissant La Beaumelle âgé de *trois ans* : ce qui prouve incontestablement qu'elle ne pouvait pas fournir à son fils, en 1744 ou 1745, les moyens de s'expatrier. Le père de La Beaumelle n'était ni soldat, ni Irlandais, ni catholique.—Il était protestant. Il fut négociant d'abord, et plus tard, retiré du commerce, il s'occupa de la culture de ses propriétés. Il naquit à Valleraugue, et ne laissa pas en mourant son fils en bas âge : La

Beaumelle avait trente et un ans lorsqu'il le perdit, en 1757. Il venait alors d'être rendu à la liberté, après une seconde détention à la Bastille, dont la durée avait été de plus d'un an.

Lorsque La Beaumelle quitta Genève, d'où il ne fut pas chassé, il alla en Danemark, et non point à Paris. Il y vint plus tard, retourna ensuite à Copenhague, et quitta définitivement cette ville à la fin de 1751.

En voilà assez, je pense, Monsieur, pour vous prouver la fausseté du récit de Voltaire. Bien des gens, encore aujourd'hui, qui ne connaissent La Beaumelle que par les calomnies de son ennemi, pourraient y ajouter foi. Vous m'obligerez donc, Monsieur, si vous voulez bien insérer ma lettre dans votre prochain numéro.

Je suis, etc.

MAURICE ANGLIVIEL.

Après avoir accueilli dans son journal la reproduction d'un récit mensonger de Voltaire sur La Beaumelle et sa famille, nous avions pensé que M. Vivien de Saint-Martin se ferait un devoir, même un plaisir, d'accorder la même publicité à notre juste réclamation. Nous nous étions trompé. La lettre que nous lui avions adressée fut passée sous silence.

A quelque temps de là, cependant, M. Nisard essaya d'y répondre [1]. Cette réponse fut loin de nous satisfaire, et il nous fut démontré que ni M. Vivien, ni M. Nisard, ne se souciaient de faire connaître aux lecteurs de l'*Athenœum* une lettre évidemment écrite pour ceux-ci, quoiqu'elle fût adressée à M. Vivien.

M. Nisard continua jusqu'à la fin de son œuvre de reproduire les accusations calomnieuses de Voltaire contre La Beaumelle, tout en s'efforçant de leur donner la couleur de la vérité, et tâchant ainsi de faire accepter au public, comme des faits réels, les mensonges les plus odieux.

Cette conduite nous a mis dans l'obligation d'adresser une seconde lettre à M. Vivien, malgré le peu de succès qu'avait obtenu notre première démarche.

Cette seconde lettre, revêtue de notre signature et de celle d'un grand nombre de membres de la famille de La Beaumelle, a été insérée dans l'*Athenœum* du 8 janvier 1853.

La voici :

SECONDE LETTRE.

Monsieur,,

Vous avez accueilli dans votre journal une série d'articles signés Ch. Nisard et intitulés : *Etude sur La Beaumelle,* qui renferment les assertions les plus propres à flétrir la mémoire de cet écrivain.

[1] Voir le n° 9 de l'*Athenœum,* p. 142.

Nous tous, membres de la famille de La Beaumelle, nous croyons devoir prendre la défense d'un homme qui fut persécuté précisément à cause de ce qu'il y avait de plus honorable dans son caractère, et qui ne peut plus répondre à ceux qui l'attaquent.

M. Ch. Nisard a admis comme prouvées, ou comme très probablement fondées, des accusations tellement odieuses et si manifestement fausses, que Voltaire lui-même n'y croyait pas. Depuis longtemps, ces accusations inspirées par des haines toutes personnelles, ont été reléguées au rang des calomnies par les auteurs les plus désintéressés et par des contemporains des deux adversaires. Nous venons donc protester hautement contre leur reproduction, et nous espérons que vous voudrez bien accueillir dans votre journal notre démenti formel.

Nous vous prions, Monsieur, d'agréer l'assurance de notre parfaite considération.

Paris, le 5-20 décembre 1852.

Maurice Angliviel, bibliothécaire du Dépôt de la Marine, neveu de La Beaumelle;

Isidore Angliviel, petit-neveu de La Beaumelle (à Paris);

A. Angliviel, membre du conseil général du Gard, petit-neveu de La Beaumelle (Les Angliviels, près Valleraugue, (Gard);

Le colonel Gleizes, membre du conseil général de la Haute-Garonne, petit-neveu de La Beaumelle et beau-frère de sa fille, âgée de quatre-vingt-quatre ans (au château de Lavelanet);

Gleizes, née de Caffarelli, petite-nièce (au château de Lavelanet);

Laurent Angliviel, neveu de La Beaumelle (Mazères, Ariége);

C. Prat de l'Estang, juge de paix du canton de Saverdun (Ariége), petit-neveu par alliance de La Beaumelle (Mazères);

C. Peyre, médecin-major à l'hôtel des Invalides, parent de La Beaumelle (Paris);

J.-F. de Quatrefages, ancien capitaine d'infanterie, ancien maire de Valleraugue, parent de La Beaumelle (Paris);

A. de Quatrefages, membre de l'Institut (Paris);

J.-G. Roussellier, arrière-petit-neveu de La Beaumelle (Paris);

Ch. Meyrueis, parent de La Beaumelle (Paris);

A. Veret, maire de Saint-André (Aude), parent de La Beaumelle (Paris).

Plusieurs autres membres de la famille nous ont fait parvenir leur adhésion à cette lettre postérieurement au 20 décembre 1852, date de sa remise dans les bureaux de l'*Athenæum*. Sans rapporter ici le texte de ces adhésions, nous nous bornons à transcrire les noms des signataires :

Édouard Cartailhac, inspecteur des douanes, parent de La Beaumelle (à Toulon);

A. de Fenouillet, ancien membre du conseil général du Gard, petit-neveu de La Beaumelle (au château de Lhom);

M. Del Puech de Lomède, membre du conseil d'arrondissement du Vigan, maire de Saint-André-de-Majencoulles, parent de La Beaumelle (à Saint-André, Gard);

Isidore de Christol, ancien officier de cavalerie, adjoint du maire de Valleraugue, parent par alliance de La Beaumelle (Valleraugue);

Auguste de Lapierre, négociant, parent de La Beaumelle (Valleraugue);

C. de Lapierre, négociant, parent de La Beaumelle (Valleraugue);

Jules Peyre, banquier, parent de La Beaumelle (Toulouse);

Fanny Peyre, parente de La Beaumelle (Toulouse);

CH. REY, membre de l'Académie du Gard, parent de La Beaumelle (à Nîmes);

EULALIE ANGLIVIEL, née TEISSIER, nièce de La Beaumelle (Les Angliviels, Gard).

LÉONIE ANGLIVIEL, née BOUSQUET, petite-nièce de La Beaumelle (Les Angliviels, Gard).

MARIE RANDON DE GROLIER, née ROUSSELLIER, arrière-petite-nièce de La Beaumelle (à Nîmes).

Lˢ RANDON DE GROLIER, contrôleur des contributions, arrière-petit-neveu par alliance de La Beaumelle (à Nîmes).

ERNEST ALBY, homme de lettres, parent de La Beaumelle (Paris);

MAURICE DE VILLARET, propriétaire, parent de La Beaumelle (Sumène, Gard);

HENRI DE VILLARET, parent de La Beaumelle (Sumène, Gard).

SUITE DES OBSERVATIONS

Une réfutation complète de l'écrit de M. Nisard aurait peu d'intérêt, nous le croyons, pour la généralité des lecteurs; nous ne l'entreprendrons pas. Nous pensons qu'il suffit d'examiner la valeur de quelques accusations mensongères de Voltaire rapportées par cet écrivain, et qu'il s'efforce de confirmer par ses propres appréciations.

La plus grave de toutes est celle d'avoir volé les lettres de Madame de Maintenon. C'est celle qui paraît avoir souri à M. Nisard, celle sur laquelle il insiste le plus; il y prépare le lecteur de longue main, car il débute par le récit de Voltaire dont nous avons parlé, où La Beaumelle est représenté, dès le collége, comme un voleur; plus tard, à Genève, encore comme un voleur, disposant ainsi les esprits crédules à admettre, quand le moment sera venu, le vol des lettres de Madame de Maintenon. Après avoir préparé le terrain de la manière là plus convenable pour frapper le dernier coup, M. Nisard s'exprime ainsi (n° 17, page 271) :

« C'est ici le lieu d'examiner par quelle voie La
« Beaumelle était venu en possession des lettres de
« Madame de Maintenon. Or il paraîtrait que c'est
« simplement par la voie qui mène encore aujour-
« d'hui les gens à la Force ou à Toulon. Je ne l'af-
« firmerais pas certes; mais je ne puis m'empêcher

« de dire que La Beaumelle ne s'est jamais lavé de
« cette accusation ; que, sachant que le roi de
« Prusse s'en était fait l'écho dans les soupers de
« Potsdam, et Voltaire l'ayant recueillie et propa-
« gée, devait à l'opinion, il se devait à soi-même
« de confondre ses accusateurs par des preuves
« palpables, authentiques, claires comme le jour,
« manifestes comme l'évidence. Au lieu de cela, il
« laisse tomber le bruit dont il est l'objet, et n'y
« fait pas plus attention que si cela ne le regardait
« pas. Serait-ce qu'il jugeait indigne de soi de se
« défendre ? Je me plais à le croire. Mais, ne serait-
« ce pas aussi que l'accusation n'ayant fait que
« passer de bouche en bouche, sans aboutir à une
« publicité éclatante, La Beaumelle ne voulut pas
« lui donner cette publicité en la combattant ? Cette
« prudence est également louable, et n'implique
« pas davantage qu'il fût coupable. Quoi qu'il en
« soit, je cède la parole à Voltaire, qui eut, un des
« premiers, vent de ce bruit :

« J'ai vu les *Lettres de Madame de Maintenon*,
« écrit-il de Potsdam à d'Argental... (22 novembre
« 1752). Comment se peut-il faire qu'un nommé La
« Beaumelle, prédicateur à Copenhague, depuis
« académicien, bouffon, joueur, fripon, et d'ailleurs
« ayant malheureusement de l'esprit, ait été le
« possesseur de ce trésor ?... On disait, il y a quel-
« ques années, qu'on avait volé à M. de Caylus ces
« lettres et ces mémoires sur sa tante. N'en sau-
« riez-vous pas des nouvelles ?

« D'Argental, continue M. Nisard, lui répondit
« qu'en effet ces lettres avaient été volées, et la ré-

« plique de Voltaire va nous apprendre que d'Ar-
« gental lui nomma le voleur, c'est-à-dire La
« Beaumelle [1].

« Je m'étais toujours douté que ce La Beaumelle
« avait volé ces lettres. Il est donc avéré qu'il a
« fait ce vol chez Racine. Ce La Beaumelle est le
« plus hardi coquin que j'aie encore vu... Le vol
« des lettres de Madame de Maintenon pourrait bien
« le faire mettre au carcan. C'est un rare homme ;
« il parle comme un sot, mais il écrit quelquefois
« ferme et serré, et ce qu'il pille, il l'appelle ses
« *pensées*. Dieu merci, ce vaurien est de Genève
« et calviniste ; je serais bien fâché qu'il fût Fran-
« çais et catholique ; c'est bien assez que Fréron
« soit l'un et l'autre (Voltaire à d'Argental, 18
« décembre 1752).

« Mais voici, ajoute M. Nisard, qui est encore plus
précis :

« Vous dites (écrit Voltaire à Formey, 17 janvier
« 1753) qu'il faudrait savoir par quelles mains ce
« dépôt a passé. M. le maréchal de Noailles, son ne-
« veu, avait ce dépôt ; son secrétaire le prêta à un
« écuyer du roi, et celui-ci au petit Racine. La
« Beaumelle le vola sur la cheminée de Racine et
« s'enfuit à Copenhague. C'est un fait public à Paris. »

Après ces citations de Voltaire, M. Nisard termine
en ces termes :

« J'ai rapproché avec intention ces trois passages.
« On y observe la marche suivie par un magistrat
« qui instruit une affaire, le fait soupçonné, le

---

[1] M. Nisard ne fait pas connaître cette lettre de d'Argental.

« coupable inconnu et la nécessité des recherches,
« ensuite le vol constaté et l'auteur dénoncé, avec un
« crayon de son caractère, de ses actes qui rendent
« probable l'incrimination dont il est l'objet; enfin, les
« circonstances, les lieux, les témoins, toutes choses
« qui concourent à démontrer l'existence du fait, et
« ne laissent plus de doute sur l'identité de l'indi-
« vidu qui l'a commis. Il peut se faire, malgré cela,
« que La Beaumelle soit innocent; dans tous les cas,
« le procès est encore à juger. Mais son édition
« du *Siècle de Louis XIV* [1], faite en dépit des plus
« énergiques, des plus touchantes et des plus lé-
« gitimes protestations de Voltaire, en vue de le
« diffamer, et au risque de ruiner l'éditeur légal,
« privilégié de l'historien, cette édition, dis-je, quali-
« fiée à bon droit d'acte insigne de piraterie, et le
« témoignage le plus éclatant du peu de scrupule
« de la Beaumelle à s'approprier les œuvres d'au-
« trui, laissera toujours, à l'égard des lettres de
« Madame de Maintenon, planer un doute menaçant
« sur sa probité. »

Remarquons d'abord, dans ce long passage, la
prudence de M. Nisard, qui a soin de dire, en parlant du prétendu vol des lettres de Madame de
Maintenon, je ne *l'affirmerais pas,* et qui n'épargne
rien cependant pour persuader à ses lecteurs que
ce vol fut commis, et qu'il le fut par La Beaumelle.

Les preuves qu'il administre dans ce but consis-

---

[1] La Beaumelle n'a jamais fait d'édition du *Siècle de Louis XIV*.
Celle dont, sans doute, il est ici question, est celle publiée par Ellsin-
ger à Francfort, en 3 vol., avec des remarques par M. de La B...
Ces initiales furent placées sur le titre sans l'aveu de La Beaumelle,
qui d'ailleurs n'a composé que les notes du premier volume.

tent en trois fragments de lettres de Voltaire extraits de sa correspondance. Cela suffit à M. Nisard.

Remarquons ensuite qu'il affirme que La Beaumelle ne s'est jamais lavé de l'accusation du vol.

Remarquons enfin qu'il a cité plusieurs fois un livre de La Beaumelle intitulé *Réponse au Supplément du Siècle de Louis XIV. Colmar,* 1754, *in-12.*— Or, puisque M. Nisard a eu ce volume entre les mains, il l'a lu, ou du moins il a pu le lire; s'il l'a lu, — pourquoi affirme-t-il que La Beaumelle a gardé le silence et pourquoi n'en cite-t-il pas les passages suivants :

Extrait de la *lettre* (de La Beaumelle) *sur mes démêlés avec M. de Voltaire,* page 137 :

« ....Le roi (de Prusse), parlant de cette ode [1] au
« grand couvert, dit : que j'avais un recueil de let-
« tres de Madame de Maintenon; mais que vraisem-
« blablement je l'avais acquis par des voies mal-
« honnêtes. M. de Voltaire était le seul à qui j'eusse
« parlé de ces lettres; je l'avais assuré que je les
« tenais de bon lieu, quoique je ne connusse aucun
« des parens, ni des amis de Madame de Maintenon;
« là-dessus il crut ou feignit de croire que je les
« avais volées. Je lui pardonnai cette horrible con-
« jecture; je lui pardonnai de l'avoir publiée; elle
« était dans toutes les règles de la logique de son
« cœur. Madame de *** porta mes plaintes à M. de
« Voltaire, qui convint qu'il s'était mépris, mais
« qui répandit ensuite que ce recueil, que je disais
« si précieux, était à Saint-Cyr, à quatre louis. C'é-

---

[1] Une ode de La Beaumelle sur la mort de la reine de Danemark.

« tait abuser étrangement de l'ignorance où l'on est
« en Allemagne de la façon de penser des dames
« de Saint-Cyr. Cette fausseté parvint jusqu'aux
« reines [1]. J'eus la satisfaction de les désabuser par
« des lettres qui ne prouvaient pas, à la vérité, ma
« discrétion, mais qui prouvaient du moins l'impos-
« ture, je dirais de mes ennemis, si je m'en con-
« naissais plus d'un. Madame de ***, qui se flattait
« de nous rapprocher, gronda M. de Voltaire de ce
« nouvel acte d'hostilité. Il le nia, et dit que c'était
« un bruit sorti de la maison Tyrconnel; cela était
« vrai, mais c'était lui qui l'y avait fait entrer. »

Avant d'être réimprimée à la suite de la *Réponse au Supplément du Siècle de Louis XIV*, la lettre dont nous venons de donner un extrait avait été impri-mée à Francfort, à La Haye et à Paris.

Voyons maintenant ce que dit La Beaumelle dans sa *Réponse au Supplément du Siècle de Louis XIV*.

Page 33 : « Pourquoi me reprochez-vous d'avoir
« *publié les Lettres de Madame de Maintenon?*

« Le public m'en a su gré.

« Vous m'en appelez l'*Éditeur*.

« N'avez-vous jamais voulu l'être?

« Vous dites que je les ai *butinées*.

« Je n'entends pas ce mot; mais je vous dis que
« j'en ai quittance : et cela est clair. »

Il nous est sans doute permis de demander, après ces citations, si La Beaumelle ne s'est pas lavé de l'accu-sation de Voltaire, et s'il a laissé peser un soupçon me-naçant sur sa probité, comme le prétend M. Nisard.

---

[1] La reine douairière et la reine régnante de Prusse.

Supposons pour un moment que La Beaumelle eût gardé le silence, l'accusation de vol n'en reste pas moins une fausseté inventée par Voltaire seul, et répétée par M. Nisard.

Voltaire affirme que ce vol était *un fait public à Paris*. S'il en était ainsi à la fin de 1752, après la publication des deux volumes de lettres imprimés cette année, comment M. Nisard expliquera-t-il la conduite des dames de Saint-Cyr, qui ne pouvaient l'ignorer et qui concourent à fournir à La Beaumelle les moyens de publier en 1755-1756 une édition des *Lettres de Madame de Maintenon*, en 9 vol. ? Comment expliquera-t-il que la publicité de ce prétendu vol n'ait enlevé à La Beaumelle aucun de ses amis ? Comment expliquera-t-il enfin le vif intérêt qu'il inspira aux plus illustres d'entre eux, aux Montesquieu, aux La Condamine, lorsqu'il fut mis à la Bastille, et toutes leurs démarches pour mettre un terme à sa captivité ?

Mais il est aisé d'ôter à M. Nisard l'embarras de ces explications : personne ne croyait à l'accusation de Voltaire, et lui-même n'y croyait pas.

Quatorze ou quinze ans s'étaient écoulés depuis 1752, lorsque Voltaire publia, en 1766 et 1767, des libelles d'une virulence extrême contre La Beaumelle et les lui adressa même (1767) par la poste.

Ces libelles, où les accusations fourmillent et sont poussées jusqu'à l'absurde, existent : ils sont imprimés... Le vol des lettres de Madame de Maintenon ne s'y trouve pas mentionné.

Ce silence n'a pas été remarqué par M. Nisard, tant il a foi aux mensonges de Voltaire.

Dans les libelles dont nous venons de parler et qu'il fit répandre dans tout le pays de Foix, La Beaumelle était accusé de toute sorte de crimes ; mais celui sur lequel Voltaire insistait le plus consistait, de la part de La Beaumelle, à lui avoir écrit et adressé quatre-vingt-quinze lettres anonymes. Il déclarait avoir brûlé les quatre-vingt-quatorze premières, et déféré au ministère la quatre-vingt-quinzième.

M. Nisard accueille cette incroyable accusation de Voltaire, à qui tout était bon pour perdre un homme qu'il persécuta avec un acharnement difficile à expliquer.

« On n'a jamais su, dit sérieusement M. Nisard [1], « s'il (La Beaumelle) était véritablement l'auteur « des lettres anonymes ; *pour moi, je le croirais assez,* « comme aussi qu'il les faisait transcrire par un tiers, « afin que sa propre écriture ne le trahît pas. Au- « jourd'hui, on le reconnaîtrait peut-être au style de « ces lettres si Voltaire ne les eût toutes brûlées. »

C'est à coup sûr mal connaître Voltaire que de croire qu'ayant entre ses mains quatre-vingt-quinze lettres de La Beaumelle, qu'il aurait fait pendre s'il avait pu, il en ait brûlé quatre-vingt-quatorze et adressé la quatre-vingt-quinzième au ministère.

Nous n'insisterons pas davantage sur les calomnies de Voltaire reproduites par M. Nisard. Il nous reste à faire connaître dans quel esprit cet écrivain a rédigé son travail.

M. Nisard a étudié La Beaumelle dans les œuvres de son ennemi, et l'on peut assurer qu'il a profité à

______
[1] N° 23, p. 373.

cette école. Si le maître vivait, il ne désavouerait pas l'élève. Celui-ci s'est fait l'ennemi personnel de La Beaumelle. D'un bout à l'autre de *son Étude*, il cherche à le dénigrer, à le tourner en ridicule, lui ou ses ouvrages ; il le traite avec un rigorisme outré, l'accable d'épithètes injurieuses ; parfois il se pose en juge souverain et impitoyable ; enfin il manifeste sans cesse contre l'objet de *son Étude* une animosité qui a d'autant plus lieu de nous surprendre, que M. Nisard ne peut, ce nous semble, avoir aucun grief personnel à reprocher à La Beaumelle.

Quand Voltaire proférait des injures, qu'il traitait ceux qui lui avaient déplu de *cuistres*, de *gredins*, de *polissons*, de *gueux*, de *coquins*, etc., on pouvait admettre qu'à tort ou à raison, il était en colère. C'était la cause et non point cependant l'excuse de cette grossièreté de langage ; mais M. Nisard peut-il être en colère contre un homme mort qu'il n'a pas connu? Il s'échauffe donc à froid dans le silence du cabinet. — Pourquoi ?

Nous allons citer ; nous laisserons à nos lecteurs le soin de décider si nous exagérons :

Nº 9, page 143 : « Tout ce qu'on peut attendre « d'un petit particulier infatué de son petit mérite, « et jaloux jusqu'à la fureur des avantages d'au- « trui, dont le ressentiment, gratuit et ridicule « d'abord, devient ensuite odieux ; qui est étran- « ger aux premières notions du savoir-vivre, im- « pertinent dans son air, grossier dans ses paroles, « brutal et bravache tout ensemble ; qui, n'ayant « aucune raison d'insulter les gens, si ce n'est peut- « être que parce que leur figure, leur vêtement

« ou leur esprit lui déplaisent, insulte de préfé-
« rence ceux qui, étant ou plus célèbres par leurs
« talents , ou plus respectables par leur âge,
« leurs dignités, leur faiblesse même, sont tenus,
« par égard pour eux-mêmes, de ne pas le suivre
« dans sa provocation, et de lui céder, en quelque
« sorte, tout l'honneur de la lutte, La Beaumelle le
« réalise dans cette scène sans nom, où il eût mérité
« que Voltaire le fît jeter à la porte par ses valets...

N° 13, p. 207. « L'impertinence (des notes de La
« Beaumelle) en est la marque particulière..... La
« forme y est souvent barbare et presque toujours
« odieuse ; l'insolence y dispute le rang à la pédan-
« terie... C'est à en avoir des nausées. »

Idem, *voilà le pédant*.

Idem, *voilà l'insolent*.

C'est toujours de La Beaumelle dont il est question.

N° 9, p. 143 : M. Nisard cite ici une épigramme
de quatre vers de La Beaumelle contre Voltaire, et
convient que cette épigramme, imprimée dans la
première édition d'un opuscule, disparut dans la seconde. Malgré cette circonstance atténuante, M. Nisard prend le délit tellement à cœur, qu'il traite La
Beaumelle d'impudent, et affirme qu'il méritait des
coups de bâton..... pour une épigramme !

N° 13, p. 207 : Mais M. Nisard, si sévère pour La
Beaumelle à propos d'une épigramme, se sert de
celles de Voltaire comme d'un témoignage de plus
pour établir que La Beaumelle était un voleur. Voilà
une preuve bien concluante,— des vers pris dans *la
Pucelle !* — M. Nisard trouve là une autorité...

Poursuivi par son idée fixe (que La Beaumelle

était un voleur), il cherche dans ce poëme fameux, où l'on a tenté vainement de flétrir la gloire la plus pure de la France, la preuve d'un prétendu vol fait à Gotha[1]. C'est ici le lieu de dire que La Beaumelle ne s'*enfuit* pas de cette ville, comme l'affirme M. Nisard, qui copie Voltaire et le croit. Voltaire—c'était sa manie—publiait dans ses ouvrages que La Beaumelle avait été chassé ou s'était enfui de partout : il n'avait été chassé et ne s'était enfui de nulle part.

Après avoir témoigné, comme nous l'avons vu plus haut, le regret que La Beaumelle n'eût pas reçu des coups de bâton pour une épigramme dont il était coupable, M. Nisard devait éprouver une certaine satisfaction de la captivité que cet écrivain eut à subir peu de temps après à la Bastille, où les menées de Voltaire parvinrent à le faire enfermer.

Voici les réflexions que cette injustice inspire à M. Nisard :

N° 17, p. 270 : « Rien n'est propre à refroidir les « chaleurs du sang, à ramener au calme plat les têtes « qui se montent, à constater l'impuissance de l'or-« gueil en révolte contre la société ou contre la raison, « comme un bon *pourpoint de pierre*[2]. Six mois pas-« sés sous ce costume antiphlogistique apportent « plus d'expérience et de maturité que dix ans pas-« sés dans le commerce des hommes. »

[1] A l'appui de cette assertion, M. Nisard cite une lettre de Rousseau, conseiller de la duchesse de Gotha, à La Beaumelle. Cette lettre est extraite de la correspondance de Voltaire, qui l'a arrangée pour le besoin de sa cause. (Voy. le chap. IV du *Tableau philosophique de l'esprit de Voltaire*, 1771, in-12 ou in-8°.)

[2] Ces mots sont soulignés,

On voit, par toutes ces citations, qu'il nous eût
été facile de multiplier, que M. Nisard ne ménage
pas plus l'homme que l'écrivain ; une seule fois cependant il s'est oublié pour accorder quelques mots
d'éloge à la *Défense de l'Esprit des lois,* qu'il croit
être de La Beaumelle. — Cet ouvrage est de Montesquieu.

Il nous reste à examiner à quelles sources M. Nisard a puisé les matériaux qui ont servi à la com-
position de son *Etude,* afin de pouvoir en apprécier
la valeur.

M. Nisard déclare lui-même (n° 9, p. 142) :
*qu'il a pris dans les œuvres de Voltaire et le peu qu'a
laissé La Beaumelle, les matériaux qui ont servi à la
rédaction de sa monographie et qu'il a eu une peine
infinie à les y recueillir.*

Ainsi, et de son propre aveu, c'est dans les œuvres de son ennemi, que M. Nisard a étudié La
Beaumelle. Nous tenons à constater ce fait ; il explique parfaitement dans quel esprit le travail de
M. Nisard a été rédigé et le sentiment de partialité
qui l'a constamment guidé d'un bout à l'autre de
son œuvre.

M. Nisard déclare de plus (n° 9, p. 142) qu'en
dehors des œuvres de Voltaire et du peu qu'a laissé
La Beaumelle, *il n'existe nulle part des renseignements
sur celui-ci.*

Pour toute réponse nous nous bornons à donner

ci-après[1] une liste d'ouvrages en assez grand nombre où La Beaumelle est diversement apprécié et qui renferment sur ses écrits des éloges ou des critiques.

M. Nisard déclare enfin (toujours n° 9, p. 142) qu'il ignorait qu'il existât *un* descendant de la famille de La Beaumelle. Son ignorance à l'égard de ce descendant est certes, très pardonnable, protégé qu'est celui-ci par son obscurité, mais on peut être surpris que M. Nisard, avant de publier son *Étude* sur La Beaumelle, ne se soit pas enquis s'il n'avait rien laissé après lui.

S'il avait pris cette peine et sans recourir à des papiers de famille, il aurait pu savoir beaucoup de choses *imprimées*, pour la plupart : par exemple que, La Beaumelle étant mort en 1773, son beau-frère Lavaysse, qui avait figuré dans l'affaire Calas, lui survécut jusqu'en 1786 ; son frère aîné, Jean Angliviel, jusqu'en 1812 ; sa veuve jusqu'en 1813 ; il aurait appris que La Beaumelle fils avait un nom littéraire, qu'il avait été en relation avec des hommes distingués dont plusieurs vivent encore, MM. Decazes, de Broglie, Guizot, Villemain, Rémusat, Ferdinand Denis, le colonel Augoyat, etc.; qu'il avait traduit en partie le théâtre espagnol, qu'il avait été l'un des plus actifs collaborateurs de l'*Abeille littéraire* pendant quelques années, qu'il était l'auteur de plu-

---

[1] Voy. la note A, p. 32.

sieurs ouvrages, qu'il était passé au Brésil en qualité de colonel du génie, et qu'il était mort à Rio de Janeiro en 1831. Il aurait su que, la même année, était mort aussi le général de Sénovert, neveu de La Beaumelle père, homme éminemment distingué par l'étendue et la variété de ses connaissances, et enfin que son gendre, J. A. Gleizes, auteur d'un grand ouvrage philosophique[1] avait poussé sa carrière jusqu'en 1843, laissant après lui sa veuve, fille unique de La Beaumelle, qui vit encore[2].

Nous croyons avoir surabondamment prouvé :

1° Qu'en entreprenant une Étude sur La Beaumelle, M. Nisard pouvait puiser des renseignements ailleurs que dans les œuvres de Voltaire[3];

2° Qu'il lui était facile de s'assurer que La Beaumelle, en mourant, avait laissé une famille après lui.

Nous venons de prouver également jusqu'à l'évidence le peu de valeur des assertions de M. Nisard en réponse à notre première lettre.

Il a essayé de répondre aussi à la seconde (n° 2 de l'*Athenæum*, 8 janvier 1853) en la faisant précéder d'une note qui n'est point signée à la vérité, mais qu'il a certainement écrite ou du moins approuvée.

Voici ce qu'on lit dans cette note :

« Ainsi qu'il l'a déjà déclaré dans une occasion

---

[1] *Thalysie*, ou *la Nouvelle existence*, 3 vol. in-8o.

[2] Depuis que ces lignes sont écrites, nous avons éprouvé la douleur de la perdre. Madame Gleizes a été ravie à sa famille et à ses amis le 25 mars 1853. Elle est morte au château de la Nogarède, où elle était née le 6 septembre 1768.

[3] Voy. la note A, déjà indiquée, p. 32.

« précédente, M. Ch. Nisard ne s'est servi pour son
« étude biographique que de documents imprimés
« depuis longtemps et de sources regardées comme
« authentiques..... »

M. Nisard, on le voit, maintient ce qu'il a avancé,
malgré nos deux lettres. Son *siége* étant fait, nous
n'essayerons pas de le faire changer d'avis ; mais
nous ferons remarquer à nos lecteurs qu'il a puisé
de son propre aveu ses documents dans les œuvres
de Voltaire, qu'il n'y a que lui qui ait mis en avant
que c'étaient là des sources regardées *comme authentiques*, et qu'il ne persuadera à personne que les
calomnies de Voltaire contre La Beaumelle, dont il
était l'ennemi personnel, sont devenues aujourd'hui
des vérités, par ce seul fait qu'elles sont *imprimées
depuis longtemps.*

« ...S'il en existe d'autres, continue-t-on, que la
« famille possède, nous ne pouvons que l'engager à
« les mettre au jour, et nous désirons que ces pièces,
« maintenant ignorées, mettent complétement à
« néant les imputations qui ont *pesé jusqu'à présent*
« sur la mémoire de la Beaumelle. »

C'est-à-dire que, s'il n'existait point de papiers
laissés par La Beaumelle au moyen desquels il
puisse être justifié des imputations qui *pèsent* sur sa
mémoire, sa condamnation est définitivement ac-
quise à M. Nisard. Il n'accorde qu'un sursis.

Il n'est heureusement pas nécessaire d'avoir re-
cours aux papiers de famille pour faire appel du jugement porté par M. Nisard et *réduire à néant* les
imputations qui pèsent, suivant lui, sur la mémoire
de La Beaumelle.

Cet écrivain a répondu lui-même aux calomnies de Voltaire, soit dans sa *Réponse au Supplément du Siècle de Louis XIV* que nous avons citée, soit dans sa *lettre à MM. Philibert et Chirol* (1770), et dans ce dernier écrit, qui, si nous ne nous trompons pas, renferme aussi les dernières lignes de La Beaumelle, imprimées de son vivant, il l'a fait avec autant de modération que de dignité [1].

D'autres écrivains, après lui, ont pris sa défense, et Voltaire lui-même a eu le soin de détruire ses propres accusations par leur violence, leur peu de vraisemblance, je dirai par leur absurdité. Ses partisans les plus zélés, ses secrétaires mêmes n'y croyaient pas [2], ni lui non plus; mais tout lui était bon pour satisfaire sa haine et perdre un homme dont il était l'ennemi.

---

[1] V. cette lettre, p. 49 et suiv.

[2] Collini d'abord, et Wagnière ensuite, sont restés attachés à la personne de Voltaire, depuis 1752 jusqu'à sa mort, en qualité de secrétaires. Collini était auprès de lui lorsqu'il inventa le vol des lettres de Madame de Maintenon. Il le suivit à Gotha après le départ de La Beaumelle de cette ville, départ qui fournit à Voltaire le texte d'une nouvelle calomnie. Wagnière était à Ferney en 1767, à l'époque où son maître attaqua La Beaumelle dans les libelles les plus furibonds, et le dénonça au ministre comme lui ayant écrit quatre-vingt-quinze lettres anonymes.

Collini et Wagnière ont laissé des Mémoires publiés en 1807 et 1825. Dévoués à Voltaire et ses apologistes, ils se montrent peu bienveillants pour La Beaumelle; mais leur silence absolu sur le *vol* des lettres de Madame de Maintenon, sur la fuite de Gotha, sur les quatre-vingt-quinze lettres anonymes et sur toutes les infamies imputées par Voltaire à un honnête homme, prouve jusqu'à l'évidence que ces imputations n'ont jamais pesé sur la mémoire de La Beaumelle. Collini et Wagnière n'ont pu les ignorer; ils n'ont pu ignorer qu'il leur avait été opposé un démenti formel, et ce n'est pas pour ménager la mémoire de La Beaumelle qu'ils n'y ont point répondu. Ils voulaient respecter celle de Voltaire : ils ont passé sous silence ses accusations mensongères.

« *Le mensonge n'est un vice que quand il fait du*
« *mal; c'est une très grande vertu quand il fait du*
« *bien...*

« *Si vous avez mis Sauveau du secret, mettez-le du*
« *mensonge. Mentez, mes amis; mentez, je vous le ren-*
« *drai dans l'occasion.* »

Ces lignes sont de Voltaire (lettre à Thiriot, 21 octobre 1736). M. de Sainte-Beuve les a citées dans le numéro du *Constitutionnel* du 8 novembre 1852.

Cette théorie du mensonge, professée par Voltaire, permet-elle, nous le demandons, aux esprits les plus prévenus en sa faveur, d'ajouter la moindre foi à ses accusations contre La Beaumelle.

A ces accusations, formulées par *Voltaire seul*, et acceptées par M. Nisard sur l'assertion de *Voltaire seul*, qu'il nous soit permis d'opposer un de ces témoignages désintéressés qui suffisent pour démontrer que les imputations calomnieuses d'un ennemi n'ont jamais pesé sur la mémoire de La Beaumelle — à d'autres yeux qu'à ceux de M. Nisard.

« C'est à Valleraugue que naquit La Beaumelle
« si décrié par Voltaire. La Beaumelle était non moins
« estimé pour sa droiture et sa probité que pour
« ses talents. » (*Anacharsis français*, t. III, p. 335, 1823.)

Nous avons prouvé, ce nous semble, qu'il suffit de ce qui existe d'imprimé pour la justification de La Beaumelle; et si M. Nisard l'a ignoré ou l'a dédaigné, ce n'est pas notre faute.

Cependant nous ne renonçons pas à publier des documents inédits qui sont entre les mains de la famille de La Beaumelle.

Mais, si cette publication a lieu, ce sera plutôt
pour faire connaître au public quelques détails in-
téressants qu'il ignore sur la vie et sur les travaux
d'un écrivain du dix-huitième siècle que pour
mettre à néant les calomnies de son ennemi.

NOTE A.

**Liste de quelques ouvrages où il est question
de la vie et des écrits de LA BEAUMELLE.**

Tous les Dictionnaires des hommes célèbres publiés depuis 1774 jusqu'à présent;

Toutes les Vies ou Histoires de Voltaire. Il en existe un grand nombre; nous croyons qu'il est inutile de les énumérer.

Nous devons noter aussi les Vies ou Histoires de Madame de Maintenon qui ont paru postérieurement aux Mémoires de La Beaumelle sur cette dame.

Il serait trop long d'indiquer tous les journaux littéraires qui ont rendu compte des ouvrages de La Beaumelle, depuis le milieu du siècle dernier, soit en France, soit à l'étranger.

Enfin, nous citerons les ouvrages suivants :

Opuscules de Fréron, 1753, in-12, 3 vol.;

Extrait du livre de l'Esprit des lois, 1753, in-12;

Les Cinq années littéraires, par Clément, 1755, in-12, 2 vol.;

La France littéraire, 1769-1784, in-12, 4 vol.;

Le Voyageur français, par l'abbé de Laporte, in-12 (t. XXI);

Tableau philosophique de l'esprit de Voltaire, par Sabatier, 1771, in-12 ou in-8°;

Mémoires pour servir à l'histoire de notre littérature, par Palissot, 1773, in-8°; — 2ᵉ édit., 1803, in-8°, 2 vol.;

Le Nécrologe des hommes célèbres de la France, 1774, in-12;

Précis de la vie de La Beaumelle, par Fréron, 1775;

Lettres écrites à un ami pendant le séjour des Français à Zelle, en 1757 et 1758, par Roques, 1775, in-12;

Les trois siècles de la littérature française, par Sabatier, 1778, in-12, 4 vol.;

Histoire des troubles et des démêlés littéraires, par Aublet de Maubuy, in-8°, 2 vol.;

Mémoires pour servir à l'histoire de Voltaire, par Chaudon, 1785, in-12, 2 vol.;

Tableau historique de l'esprit et du caractère des littérateurs français, par Taillefer, 1785, in-8°, 4 vol.;

Essai sur la vie et le règne de Frédéric II, par Denina, 1788, in-8°;

Mémoires historiques et authentiques sur la Bastille, **1789,** in-8°, 3 vol.;

Tableau de quelques circonstances de ma vie, par Chabanon, 1795, in-8°;

Souvenirs d'un citoyen, par Formey, 1797, in-12, 2 vol.;

La France littéraire, par Ersch, 1797-1802, in-8°, 5 vol.;

Les siècles littéraires de la France, par Desessarts, 1800, in-8°, 7 vol.;

Correspondance de La Harpe, 1801-1807, in-8°, 6 vol.;

Cours de littérature, par La Harpe;

Mon séjour auprès de Voltaire, par Collini, 1807, in-8°;

Nouvelle bibliothèque d'un homme de goût, par Barbier, 1808-1810, in-8°, 5 vol.;

Supplément à la Correspondance de Grimm et de Diderot, par Barbier, 1814, in-8°;

L'Anacharsis français, 1822-1823, in-18, 4 vol.;

Principales erreurs de Condorcet dans sa Vie de Voltaire, par Le Pan, 1824, in-12;

Mémoires sur Voltaire, par Longchamp et Wagnière, 1825, in-8°, 2 vol.;

La France littéraire, par Quérard, 1827-1839, in-8°, 10 vol. (aux articles *La Beaumelle* (t. IV), *Maintenon, Voltaire,* etc.);

Frédéric le Grand, ou *Mes souvenirs de vingt ans de séjour à Berlin,* par Thiébault, 4ᵉ édit., 1827, in-8°, 5 vol.;

Correspondance inédite de Grimm et de Diderot, retranchée par la censure en 1812 et 1813, 1829, in-8°;

Histoire de la détention des philosophes et des gens de lettres à la Bastille, par Delort, 1829, in-8°, 3 vol.;

Statistique du département du Gard, par H. Rivoire, 1842, in-4°, 2 vol.;

Histoire de la Bastille, par Arnould et Alboize du Pujol, 1843-1844, in-8°, 6 vol.;

Trente ans de ma vie, ou *Mémoires d'A. de La Bouïsse*, 1844-1848, in-8°, 8 vol.;

Notice sur la vie et les écrits de La Beaumelle, par M. Nicolas, 1852, in-8°.

POST-SCRIPTUM

Ces pages étaient écrites [1] lorsque nous avons appris qu'il avait paru une seconde édition du travail de M. Nisard. Nous avons cru qu'il était de notre devoir d'en prendre connaissance, afin d'apprécier les modifications que cet écrivain pouvait avoir introduites dans son ouvrage, soumis une seconde fois au jugement du public.

Dans cette nouvelle édition, le titre et la forme sont changés. Il n'est plus question d'une *Etude littéraire sur La Beaumelle* insérée dans une série de numéros d'un journal hebdomadaire, pendant l'espace de six mois. Le travail entier se trouve réuni dans un gros volume in-8° de 400 pages dont il remplit les quatre-vingts dernières. Ce volume est intitulé : *Les ennemis de Voltaire*, et ces ennemis sont *Desfontaines, Fréron* et *La Beaumelle*.

Nous n'avons à nous occuper ni de Desfontaines ni de Fréron ; nous nous bornons à l'examen des principaux changements que M. Nisard a fait subir, sous un titre nouveau et dans une autre forme, à son premier travail.

Le récit emprunté à Voltaire sur l'enfance et la famille de La Beaumelle est reproduit précédé et accompagné des mêmes réflexions qu'il avait suggérées à M. Nisard. Il ajoute cependant, à la fin,

---

[1] Février 1853.

quelques faits historiques qui réduisent à néant le conte imaginé par Voltaire. Ces faits sont ceux qui se trouvent dans notre première lettre à M. Vivien; mais M. Nisard ne dit pas d'où il les a tirés, et il ne conclut pas sa discussion sur le récit de Voltaire par cette simple phrase : *Ce récit est faux d'un bout à l'autre.*

Dans la première édition, M. Nisard avait traité moralement et littérairement La Beaumelle avec le plus profond dédain, avec le dernier mépris ; dans la seconde, il a modifié en partie ses jugements. Il avait déclaré d'abord que les ouvrages de La Beaumelle étaient tombés dans l'oubli, et que c'était justice. Il paraît revenir là-dessus ; il semble craindre aujourd'hui qu'ils ne périssent en entier, et voudrait conserver quelque chose de ce naufrage. Il transcrit totalement, dans ce but, un opuscule intitulé : *Mémoire de Voltaire, apostillé par La Beaumelle.* Il va plus loin, et, après une longue citation prise dans la *Réponse au Supplément du Siècle de Louis XIV,* il s'exprime ainsi (p. 384) :

« Je regrette de ne pouvoir entrer dans de plus « longs détails sur cette réponse de La Beaumelle, « qui parut d'abord en 1753, in-12, sous la forme « de vingt-quatre lettres [1] avec cette épigraphe : *An,* « *si quis atro me dente petiverit, inultus ut flebo puer?* « C'est peut-être le meilleur de ses écrits [2]. Il s'y

---

[1] M. Nisard se trompe : la *Réponse au Supplément du Siècle de Louis XIV* parut *d'abord* en 1754, et c'est en 1763 qu'elle fut réimprimée sous ce titre : *Lettres de La Beaumelle à Voltaire.*

[2] *Le meilleur!* Si tous les ouvrages de La Beaumelle sont sans valeur, M. Nisard devait dire : *le moins mauvais.*

« élève parfois jusqu'à la véritable éloquence. On
« sent, à lire ces lettres, que La Beaumelle avait
« l'âme vraiment honnête, quoique cette âme ait
« eu le malheur d'être empoisonnée par l'orgueil.
« Voltaire, à son tour, y est au pilori, et, ce qu'on
« n'aura pas de peine à croire, n'inspire pas le
« moindre sentiment de pitié. Voilà qui rachète
« le récit de l'entrevue de Berlin, et laisse bien loin
« derrière soi les Desfontaines et les Fréron. »

M. Nisard paraît donc revenir à des dispositions
plus favorables pour la personne et pour les écrits de
La Beaumelle. Il est cependant difficile de s'expliquer, après avoir lu ce passage, après surtout cette
phrase de M. Nisard (p. 323) : *Voltaire n'a guère fait
autre chose que mentir toute sa vie*, et cette autre (p.
324) : *Voltaire avait cette incurable manie de croire ne
s'être jamais assez vengé de ses critiques, si, après les
avoir convaincus ou seulement accusés d'injustice ou
d'ignorance, il ne cherchait pas en outre à les faire passer pour des voleurs et des faussaires.* Il est difficile,
disons-nous, de s'expliquer dans cette seconde édition la reproduction textuelle de tout le morceau relatif au prétendu vol des lettres de Madame de
Maintenon ; et l'on ne peut attribuer à l'inadver-
tance la réimpression de cette calomnie, car M. Nisard a revu ce chapitre de son ouvrage, et y a fait
quelques changements. Il avait examiné par quelle
voie La Beaumelle s'était procuré ces lettres, et il
ajoutait : *Il paraîtrait que c'est simplement par la voie
qui mène encore aujourd'hui les gens à la Force et à
Toulon.* Dans la nouvelle édition, il y a : *en police
correctionnelle ou en cour d'assises.* (P. 387.)

Lorsque M. Nisard arrive à l'attaque de Voltaire contre La Beaumelle, en 1767, à propos de quatre-vingt-quinze lettres anonymes qu'il prétendait avoir reçues de celui-ci, on remarque que l'auteur donne de plus grands développements aux circonstances de cette affaire qu'il ne l'avait fait d'abord. Sa partie historique n'est pas uniquement puisée aux œuvres de Voltaire. Il emprunte ailleurs des faits qu'il cite, et que Voltaire ignorait ou qu'il se serait bien gardé de faire connaître.

Indigné de la conduite de Voltaire dans cette odieuse affaire, M. Nisard s'exprime ainsi (p. 395) :

« Véritablement, on ne sait qu'admirer le plus de
« l'habileté ou de la scélératesse de Voltaire, qui,
« exploitant jusqu'au dégoût cette malheureuse note
« du *Siècle de Louis XIV*, où La Beaumelle parlait
« avec une légèreté coupable du duc d'Orléans et
« d'autres princes [1], n'avait pas de honte d'exagé-
« rer, d'envenimer l'outrage fait à ces augustes per-
« sonnes, et ne sommait les magistrats de les ven-
« ger que pour qu'ils le vengeassent lui-même. »

Plus loin (p. 397), M. Nisard signale les *basses menées* de Voltaire.

On reste confondu, après ce qu'on vient de lire, de retrouver (p. 398) les mêmes conclusions qu'on a vues dans la première édition, et que nous repro-duisons textuellement ; elles sont identiques :

« On n'a jamais su si La Beaumelle était vérita-
« blement l'auteur des lettres anonymes. Pour moi,

---

[1] M. Nisard a oublié de dire que cette note *n'est pas de La Beau-melle*.

« je *le croirais assez*, comme aussi qu'il les faisait
« probablement transcrire par un tiers, afin que sa
« propre écriture ne le trahît pas. Aujourd'hui, on
« le reconnaîtrait peut-être au style de ses lettres,
« si Voltaire ne les eût toutes brûlées. »

Nous ne pousserons pas plus loin l'examen des
différences qui existent entre les deux éditions.
Nous avons hâte d'en finir, et nos lecteurs peut-être
trouvent déjà trop long cet examen.

Nous ne pouvons néanmoins nous dispenser,
avant de terminer, de mettre en relief quelques
contradictions qui nous ont frappé en lisant l'ouvrage de M. Nisard.

Comment, par exemple, concilier ce jugement
sur La Beaumelle : *Il avait l'âme vraiment honnête*
(p. 384), avec ces conclusions sur le prétendu vol
des lettres de Madame de Maintenon : *Il ne s'est pas
lavé de cette accusation?* (P. 387).

*...Le peu de scrupule de La Beaumelle à s'appro-
prier les œuvres d'autrui laissera toujours, à l'égard des
lettres de Madame de Maintenon, planer un doute me-
naçant sur sa probité.* (P. 389.)

Si l'on a l'*âme honnête... vraiment honnête*, peut-on
être en même temps un voleur ?

Si l'on manque de *probité*, peut-on avoir l'âme
vraiment honnête ?

Voilà qui nous paraît incompatible.

M. Nisard signale l'*habileté* et la *scélératesse* de
Voltaire et ses *basses menées* dans l'affaire des quatre-
vingt-quinze lettres anonymes, et M. Nisard croit
pourtant que La Beaumelle avait écrit ces quatre-
vingt-quinze lettres !

Pour nous, il nous semble que, si La Beaumelle les avait écrites, il n'y aurait pas *scélératesse* de la part de Voltaire, et si, au contraire, cette qualification lui est justement infligée, on ne peut croire que La Beaumelle ait écrit les quatre-vingt-quinze lettres, et il faut d'abord conclure que, dans cette circonstance, Voltaire a menti en l'affirmant, et ensuite se rappeler que M. Nisard lui-même a dit ailleurs : *Voltaire n'a guère fait autre chose que mentir toute sa vie.*

Enfin, si M. Nisard est convaincu, d'un côté, que Voltaire a menti toute sa vie, et persuadé, de l'autre, sur sa simple et unique assertion, que La Beaumelle a écrit les quatre-vingt-quinze lettres anonymes, — ce qui a été nié par ce dernier, — il faut convenir que M. Nisard pousse très loin la crédulité et l'art d'accorder les contraires.

Quoique notre première lettre à M. Vivien n'ait pas été insérée dans l'*Athenæum,* il en est fait mention au n° 9 (p. 142); mais rien n'indique l'existence de cette pièce dans « *Les ennemis de Voltaire.* »

Dans l'*Athenæum, l'Etude sur La Beaumelle* se termine au n° 23 (4 décembre 1852). C'est dans celui du 8 janvier 1853 seulement qu'a été insérée notre seconde lettre, précédée d'une note non signée qui lui sert de réponse.

Cette note et notre seconde lettre sont entièrement passées sous silence dans « *Les ennemis de Voltaire.* »

Nous laissons au public impartial et désintéressé le soin d'apprécier les motifs de ces diverses omissions.

Mars 1853.

BIOGRAPHIE DE LA BEAUMELLE

BEAUMELLE (Laurent ANGLIVIEL DE LA), littérateur français, naquit à Valleraugue (Gard) le 28 janvier 1726, de Jean Angliviel, négociant, et de Susanne d'Arnal, nièce du général Carle, et mourut à Paris le 17 novembre 1773. Il fit ses études au collége d'Alais, et fut d'abord destiné au commerce, profession à laquelle il renonça bientôt. Il quitta la France à la fin de 1745, et se rendit à Genève. Après dix-huit mois de séjour en Suisse, il passa en Danemark. Il était appelé à Copenhague auprès d'un seigneur danois, pour diriger, en qualité de gouverneur, l'éducation de son fils. Trois ans après, il présenta au roi de Danemark un projet d'établissement d'une chaire de langue et belles-lettres françaises. Ce projet fut approuvé, et La Beaumelle obtint cette chaire. Le professeur se sépara alors de son élève et fit un voyage à Paris cette même année (1750) pour obtenir la permission d'exercer les fonctions de son emploi. De retour à Copenhague, il y professa la langue et les belles-lettres françaises pendant

quelque temps. Il résigna sa place à la fin de 1751,
pour se rendre à Berlin.

Voltaire était alors à la cour de Prusse en grande
faveur auprès de Frédéric II. La Beaumelle le vit
plusieurs fois. C'est de cette époque que date la
brouillerie de ces deux écrivains. La Beaumelle
avait récemment publié un livre intitulé *Mes pensées;*
il renfermait un passage qui déplut à Voltaire, et
qui devint la cause de la haine que celui-ci voua
à son auteur et des persécutions qu'il lui suscita depuis.

Après avoir éprouvé à Berlin toute espèce de dés-
agréments, La Beaumelle quitta la Prusse, séjourna
quelque temps dans différentes villes d'Allemagne,
et vint à Paris à la fin de 1752. Il ne tarda pas à y
éprouver les effets du ressentiment de Voltaire. Il
fut arrêté le 24 avril 1753, conduit à la Bastille et
enfermé dans la première chambre de la tour du
coin, où il eut la permission d'écrire et de travailler
à divers ouvrages déjà commencés. Le 1er août, il
fut transféré dans une autre chambre; on lui enleva
le papier, l'encre et les plumes. C'est alors que,
privé de tout moyen d'écrire, il y suppléa en tra-
çant sur des assiettes d'étain, avec la pointe d'une
aiguille, une ode sur les couches de la dauphine
(imprimée depuis), et sept cents vers au moins d'une
tragédie restée inachevée. Cependant cet excès de
rigueur que La Beaumelle eut à subir ne fut pas de
longue durée. Il fut élargi le 12 octobre 1753 et
exilé à cinquante lieues de Paris. Il obtint, quelques
jours après, la permission d'y rester. Il dut sa liberté aux sollicitations pressantes de sa famille et de

ses amis, au nombre desquels, et parmi les plus dévoués, il faut citer Montesquieu et La Condamine.

Pendant la détention de La Beaumelle, Voltaire avait publié contre lui son *Supplément au Siècle de Louis XIV*. Rendu à la liberté, il lui fut permis de répondre à son adversaire; sa réponse parut en 1754. Cet ouvrage est regardé comme l'un des plus piquants dans le genre polémique : il obtint un grand succès.

Un ouvrage plus important l'occupait alors et depuis longtemps : c'était les *Mémoires pour servir à l'histoire de Madame de Maintenon*. Il avait déjà sondé le goût du public par l'impression de deux petits volumes de lettres de cette dame et d'un premier volume de sa vie, très abrégée; mais son cadre s'agrandit par l'abondance des matériaux qui furent mis à sa disposition. Saint-Cyr lui fut ouvert; le maréchal duc de Noailles lui communiqua des documents dont il était possesseur, et il travailla souvent à Versailles sous les yeux de ce seigneur. Louis XV lui-même voulut lire le manuscrit de La Beaumelle. Celui-ci se rendit en Hollande en 1755 pour le faire imprimer. Il revint à Paris un an après. Il avait obtenu la permission d'y faire entrer son livre et la levée définitive de sa lettre d'exil, qui avait été seulement suspendue tous les six mois. Son ouvrage, imprimé en février 1756, par souscription, obtint le plus grand succès. La fortune semblait sourire à La Beaumelle. Il était au moment de jouir de ses succès au sein de sa famille, lorsque, prêt à partir pour se rendre auprès d'elle, il fut arrêté le 6 août 1756 et conduit une seconde fois à la Bastille.

La Beaumelle ne se laissa point abattre sous le coup d'un malheur aussi imprévu qu'il était peu mérité. Son amour pour l'étude, son ardeur pour le travail, ne se ralentirent point. Il termina sa traduction de Tacite, entreprise pendant son premier séjour à la Bastille, tandis que les contrefaçons multipliées du livre qu'il venait de publier lui enlevaient le fruit de ses veilles et de ses travaux. Sa détention, qui porta de graves atteintes à sa santé, se prolongea au delà d'un an. La Beaumelle ne fut rendu à la liberté que le 1er septembre 1757. Il rentra dans sa famille après douze années d'absence, et trois jours seulement avant la mort de son père. Un exil, qui succéda à la prison, interdit à La Beaumelle la résidence de Paris, et l'obligea de séjourner dans différentes villes de sa province (le Languedoc). C'est pendant ce temps (1760-1761) qu'il eut une affaire désagréable à démêler avec les capitouls de Toulouse, dont le résultat fut d'abord de le faire emprisonner, mais qui se termina à la honte du fameux David, capitoul, qui joua un si grand rôle dans la malheureuse affaire de l'infortuné Calas [1]. La Beaumelle prit la plus grande part à la défense des victimes du fanatisme. C'est lui qui fit le placet d'après lequel madame Calas obtint la liberté de ses filles en 1762. Peu de temps après (1764), il épousa l'une des sœurs du *jeune Lavaysse,* de celui-là même qui fut impliqué dans le procès de Calas. Sa femme possédait auprès de Mazères (Ariége) un domaine où il se fixa. Il pouvait

---

[1] Voy. le *Mémoire de Laurent Angliviel de La Beaumelle contre le procureur général du roi.* Toulouse, 1760, in-12.

se flatter d'y jouir enfin du repos, lorsque Voltaire lui adressa par la poste (1767) une lettre diffamatoire imprimée [1], et la fit répandre avec profusion dans le pays de Foix. Il l'accusa auprès du ministre (le comte de Saint-Florentin) de lui avoir écrit quatre-vingt-quinze lettres anonymes, et lui adressa la dernière, qu'il assurait être de La Beaumelle, quoique sans signature. Celui-ci s'empressa d'écrire à M. de Saint-Florentin pour réfuter les calomnies de son ennemi, calomnies qui ne tendaient à rien moins qu'à le flétrir, le déshonorer, et le faire considérer comme un ennemi de l'État. Il ne se borna pas à cette démarche ; il réunit des pièces authentiques, dans le but de détruire juridiquement les accusations de son ennemi ; enfin il conçut l'entreprise d'une édition des œuvres de Voltaire, avec des remarques au bas des pages. La mort ne lui permit pas de l'exécuter. Ce travail se borna à l'impression de la *Henriade* avec des remarques (1769), et le volume même ne fut pas publié, Voltaire ayant eu le crédit d'en faire saisir l'édition.

Cependant, après un long exil, et malgré toutes les tentatives de Voltaire pour le perdre, non-seulement La Beaumelle eut la permission de revenir à Paris au commencement de 1770, mais, peu de temps après son retour dans cette ville, il fut attaché à la Bibliothèque du roi, et bientôt après une pension lui fut accordée. Il n'en jouit pas long-

---

[1] Madame de La Beaumelle ayant reçu et ouvert le paquet adressé à son mari, qui était malade, voulut lui en dérober la connaissance, dans l'espoir, bientôt déçu, d'amener une réconciliation. Elle écrivit à Voltaire dans ce sens ; son père, M. Lavaysse, entra en correspondance avec lui dans le même but. — Ces démarches furent inutiles.

temps : il mourut, avant d'avoir atteint sa quarante-huitième année, dans la maison habitée par son ami La Condamine, qui ne lui survécut que de quelques mois [1].

Les principaux ouvrages de La Beaumelle sont : *la Spectatrice danoise,* ou *l'Aspasie moderne,* ouvrage hebdomadaire ; Copenhague, 1749-1750, 3 vol. in-8° : La Beaumelle y eut la plus grande part ; — *l'Asiatique tolérant,* 1750, in-12 ; — *Suite de la défense de l'Esprit des lois,* 1751, in-12 ; — *Mes pensées,* Copenhague, 1751, in-12 (Voici le passage de ce livre qui déplut à Voltaire : « Qu'on parcoure l'his- « toire ancienne et moderne, on ne trouvera point « d'exemple de prince qui ait donné sept mille écus « de pension à un homme de lettres, à titre d'hom- « me de lettres. *Il y a eu de plus grands poëtes que* « *Voltaire,* il n'y en a jamais eu de si bien récom- « pensés, parce que le goût ne met jamais de bor- « nes à ses récompenses. Le roi de Prusse comble « de bienfaits les hommes à talent, précisément par « les mêmes raisons qui engagent un petit prince « d'Allemagne à combler de bienfaits un bouffon ou « un nain ») ; — *Pensées de Sénèque,* avec le latin à côté ; Paris, 1752, 2 vol. in-12 ; — *Réponse au Supplément du Siècle de Louis XIV,* 1754, in-12, reproduite sous le titre de *Lettres de La Beaumelle à Voltaire,* 1763, in-12 ; — *Mémoires pour servir à l'histoire de Madame de Maintenon;* Amsterdam, 1755-

---

[1] La Beaumelle laissa en mourant deux enfants en bas âge : une fille qui vit encore (1852), veuve de J.-A. Gleizes, écrivain distingué, et un fils, né à La Nogarède, près Mazères, le 21 septembre 1772, mort colonel du génie à Rio de Janeiro le 29 mai 1831.

1756, 6 vol. in-12, suivis d'un recueil de lettres de cette dame, 9 vol. in-12 ; — *Préservatif contre le déisme*, 1763, in-12 ; — *Examen de la nouvelle Histoire de Henri IV*, de Bury (sous le nom du marquis de B...); Genève, 1768, in-8° : cet ouvrage excita la colère de Voltaire, qui réussit à en faire mettre six cents exemplaires au pilon (*voy*. Barbier et Quérard, qui rapportent des faits curieux sur ce livre); — *Lettre à Philibert et Chirol* (dans l'*Année littéraire*), 1770 ; — *la Henriade, avec des remarques*, 1769, in-8° : Fréron en publia une 2ᵉ édition avec des changements, sous le titre de *Commentaires sur la Henriade*, 1775, in-4° ou 2 vol. in-8° ; — *l'Esprit*, ouvrage posthume ; Paris, 1802, in-12.

Parmi les nombreux manuscrits laissés par La Beaumelle, nous indiquerons une traduction de *Tacite*, une *Vie de Maupertuis*, un ouvrage considérable en faveur des protestants, etc.

MAURICE ANGLIVIEL.

(Extrait de la nouvelle Biographie universelle publiée par MM. Firmin Didot frères, sous la direction de M. le docteur Hoefer. Paris, 1853, t. V, p. 45-48.)

N. B. A la suite de cet article, on a cité *Charles Nisard*, dans l'*Athenæum français* (1852), parmi les sources à consulter sur la vie et les écrits de La Beaumelle. Pour quiconque aura lu les pages précédentes, il doit être évident qu'il ne pouvait nous venir dans l'esprit de signaler M. Nisard comme une autorité. Nous nous étions borné à renvoyer à M. Quérard [1] pour les détails bibliographiques, et, pour la partie biographique, à M. Nicolas [2], le travail de cet auteur étant, jusqu'à ce jour, ce qui existe de plus exact et de plus complet sur La Beaumelle.

[1] *La France littéraire*, 1830, in-8°, t. IV.
[2] *Notice sur la vie et les écrits de Laurent Angliviel de La Beaumelle*. Paris, chez Cherbuliez et chez Ledoyen, 1852, in-8°.

LETTRE

DE M. DE LA BEAUMELLE

A MESSIEURS PHILIBERT ET CHIROL,

LIBRAIRES A GENÈVE.

SECONDE ÉDITION

Nous avons cité cette lettre page **29**.

Il est presque impossible aujourd'hui de s'en procurer des exemplaires, et nous avons pensé qu'il pourrait être agréable à nos lecteurs de la connaître. — Cette considération nous a décidé à la faire réimprimer à la suite de nos Observations, persuadé d'ailleurs que nous sommes qu'elle en est le meilleur complément.

Cette seconde édition, sans note ni commentaire, est en tout point conforme à l'édition originale.

LETTRE

DE M. DE LA BEAUMELLE

A MESSIEURS PHILIBERT ET CHIROL,

LIBRAIRES A GENÈVE.

A Paris, le 25 août 1770.

Messieurs,

Un bruit assez étrange est venu jusqu'à moi,
Et je l'aurais jugé trop peu digne de foi,

si je pouvais récuser le témoignage de l'homme respectable de qui je le tiens. Il est fort instruit de tout ce qui se passe et se dit à Genève ; il m'a assuré qu'on y attribuait généralement au plus lâche motif le silence que je garde depuis si longtemps sur plusieurs écrits attribués, soit avec raison, soit injustement, à M. de Voltaire, et dans lesquels je suis cruellement outragé. On se souvient qu'en 1753 je réfutai avec assez de force le *Supplément au Siècle de Louis XIV*, où j'étais moins maltraité que dans vingt libelles qui ont paru depuis. Comment, dit-on, quelqu'un dont le premier combat fut une victoire, voit-il stoïquement tant d'actes d'hostilité? Comment est-il devenu si patient après s'être montré si sensible? Je ne suis point surpris de ces réflexions; on ignore les raisons qui m'ont déterminé au silence. Mais ce qui m'étonne, c'est qu'on ait cru parmi vous que ce silence avait été acheté par M. *de Voltaire*. Si l'on croit cela dans une ville où mes différens avec lui ne m'ont ôté aucun ami, et peut-être m'en ont donné, que croira-t-on ailleurs? Votre compatriote m'avoue avec franchise qu'il a lui-même été dans cette persuasion. Il prétend qu'auprès de ceux qui ne me connaissent pas personnellement, la vraisemblance d'une forte pension que M. *de Voltaire* me fait compter avec exactitude explique naturellement cette espèce d'insensibilité que les gens de bien et d'honneur me reprochent depuis si longtemps.

Me voilà donc le pensionnaire de mon ennemi, en vertu d'un traité fait entre nous. D'une part, je lui permets, moyennant une somme, de me déchirer à belles dents; de l'autre, il accepte la promesse que je lui fais de ne pas me défendre. Comment une idée aussi folle a-t-elle pu entrer dans des têtes bien organisées? Un tel soupçon suffirait pour me remettre les armes à la main si je les avais jamais posées; il ne m'est plus permis de penser que tant de calomnies sont réfutées par leur atrocité, dès que je vois qu'elles ont laissé dans de bons esprits de si fâcheuses impressions. Mon premier devoir est de les effacer.

Dans cette vue, je m'adresse à vous, Messieurs, qui savez depuis longtemps que je n'ai point renoncé à faire rougir M. *de Voltaire*, ou l'Écrivain qui a pris son nom, de s'être si souvent oublié vis-à-vis de moi. Tous les traits que l'un ou l'autre m'ont lancés sont tombés sur une âme sensible ; et cette âme sensible repoussera bientôt sans aigreur, mais avec fermeté, tous les outrages contenus dans la préface de l'*Histoire de Pierre le Grand*, dans celle des *Souvenirs de Madame de Caylus*, dans des *Lettres à M. J.-J. Rousseau, à l'Académie française et au sénateur Albergoti*, dans les *Honnêtetés littéraires*, dans le mémoire intitulé : *Mémoire présenté au ministère par M. de Voltaire, contre La Beaumelle*, dans celui qui a pour titre : *Mémoire pour être mis à la tête de la nouvelle édition du Siècle de Louis XIV*, dans les *Notes du Siècle de Louis XV*, dans une *Lettre à Lacombe*, dont l'auteur de l'*Avant-Coureur* a sali ses feuilles, dans une autre *Lettre* de quatre pages qui, en 1767, me fut adressée par la poste avec d'autres libelles, ainsi qu'au Juge et au Curé de Mazères, où j'habitais, et aux Consuls et à l'Archiprêtre du Carla, dont je venais d'acheter la seigneurie. Le Public m'a sans doute fait raison des grossièretés ; mais je me dois à moi-même de me faire raison des calomnies.

On a attaqué en moi l'homme de Lettres ; qu'on l'attaque encore, je ne le défendrai pas. Le Public m'a jugé sans consulter mon ennemi. Qu'on me dise que je suis un très mauvais écrivain, c'est un très petit mal ; et l'unique réponse que je dois à celui qui me le dit outrageusement, c'est de faire imprimer en gros caractères ses outrages. Mais les gens de Lettres n'existent pas seulement dans la société comme auteurs ; ils y existent comme citoyens, et chacun d'eux y existe avec plus ou moins d'agrément, suivant l'opinion que ses concitoyens ont de ses mœurs. Ils doivent être aussi jaloux de leur réputation que tous les autres sujets. Oserait-on blâmer celui qui, se voyant diffamé, mépriserait les injures, et se purgerait des imputations?

On m'a dit cent fois, et vous-mêmes, Messieurs, m'avez répété : quel tort peuvent faire à votre honneur les satires d'un anonyme? Il allègue des faits ; mais ses allégations sont absolument dénuées de preuves. Je n'aurais rien à répondre si ces satires n'étaient lues que par des sages : je serais bien sûr qu'ils renverraient avec indignation dans la classe des mensonges imprimés tout ce qui ne serait pas prouvé. Mais ces libelles ont bien d'autres lecteurs ; les uns admettent tout par malignité de cœur ; les autres croient tout par faiblesse d'esprit. Il en est qui sont si vivement frappés, qu'ils ne peuvent se défendre d'une demi-persuasion ; les plus équitables sont ceux qui restent indécis ; quand la calomnie est présentée adroitement, avec tout l'appareil, toutes les couleurs de la vérité, le diffamé est trop heureux s'il se trouve quelques personnes judicieuses qui ne le croient pas tout à fait aussi noir qu'on le représente. A peine le mensonge élève-t-il sa voix, que mille échos répètent au moins ses dernières paroles ; l'écho n'est rien, et c'est ce rien qui assassine.

Aussi les lois de tous les peuples ont-elles ouvert aux citoyens calomniés la voie de l'action criminelle contre le calomniateur. Les Romains, que *Tite-Live* appelle le peuple le plus doux dans les châtiments, outrèrent la sévérité contre les auteurs des libelles diffamatoires ; ils croyaient sans doute qu'une diffamation, la plus dénuée de preuves, pouvait quelquefois flétrir autant le citoyen que la condamnation la plus légale. Nous sommes moins délicats ; cependant tous nos Tribunaux vengent tout offensé qui leur présente l'offenseur. Je dois donc être assuré que les cœurs honnêtes approuveront ma juste défense et cette sensibilité à laquelle la loi même se fait gloire de compatir. Que d'autres opposent à la calomnie un cœur armé d'un triple airain. Pour moi j'ai une famille, et quand je n'en aurais point, n'aurais-je pas ma personne ? et si je ne tenais à rien dans le monde, ne tiendrais-je pas toujours à mon honneur ?

Mais comment accorder cette défense avec cette morale sublime qui nous fait une loi du pardon des injures ? Cette objection des Chrétiens parfaits est aussi celle des esprits extrêmement généreux. On pourrait prier les uns et les autres d'observer qu'une défense des mœurs n'est point incompatible avec le pardon de celui qui les attaque. Pour moi, soit incapacité de haïr longtemps, soit générosité, soit compassion pour la faiblesse humaine, je pardonne à M. *de Voltaire*, ou à celui qui a pris son nom ; je loue, ce me semble, aussi volontiers ce qu'il a fait de bon, que j'applaudis à ce qu'il a écrit de beau. Je ne dirai point que je lui ferais du bien, si je le pouvais ; la haine la plus vive exercerait avec volupté une si cruelle vengeance. Mais j'ose présumer assez de moi pour croire que, si je pouvais altérer le bonheur dont il jouit, je m'en abstiendrais sans effort, et que, si sa vie m'offrait une suite de faits propres à le décrier auprès des races futures, ma plume ne se prêterait point au droit de représailles. Ce n'est point à lui que je pense ; je ne veux ni lui nuire, ni l'affliger, ni l'attaquer ; je ne veux que me défendre. Si l'anonyme qui m'insulte est jeune, je puis compter sur son repentir ; s'il est vieux, je dois regarder son déchaînement comme le radotage d'un cœur ulcéré. S'il est sur le bord du tombeau, il ne peut exciter que ma pitié. Ce qui m'occupe, ce sont mes amis, ma famille, tant d'hommes qu'il a trompés sur mon compte et qu'il m'importe de désabuser.

Il m'a fallu du temps pour préparer ma défense ; il a fallu écrire en Danemarck, à Genève, à Berlin, à Paris, présenter des requêtes aux Magistrats, faire légaliser des signatures, obtenir des informations. Enfin, j'ai rassemblé les preuves les plus propres à démentir chacun des faits articulés contre moi. Ces preuves sont dans la forme la plus authentique ; j'en donnerai l'extrait après en avoir déposé les originaux à la bibliothèque du Roi ; et, sans invectives, même sans réflexions, je défendrai mon honneur devant le Public par une simple *production* de pièces, comme je le ferais devant un tribunal auquel je demanderais un arrêt de déclaration d'innocence.

Voilà les motifs, Messieurs, qui ont retardé ma défense ; vos Genevois ne pouvaient les deviner. Mais il y avait tant d'autres raisons qui suffisaient pour me justifier ! Un marché par lequel je connivais à mon propre déshonneur, était la dernière conjecture qui se présentait. Ce qu'il y a de singulier, c'est que, tandis qu'à Genève on me soupçonnait d'avoir vendu mon silence à mon ennemi, mon ennemi m'accusait auprès de l'autorité suprême de lui avoir écrit dans l'espace d'une année quatre-vingt-quinze lettres anonymes. Il parvint même à persuader ce qu'il ne croyait pas ; car pouvait-il croire qu'un homme qui l'avait *bombardé* publiquement en 1753 *avec des comminges,* pour me servir de l'expression de M. *d'Argenson,* alors ministre de la guerre et de Paris, allât s'amuser quinze ans après à le piquer secrètement à coups d'épingles. D'ailleurs, les invectives qu'il a publiées, ou permis de publier sous son nom contre moi, ne m'avaient-elles pas donné le droit de lui parler face à face ? Mes détracteurs et lui verront incessamment combien ils s'étaient écartés du vrai. Mais à quoi servira cette justification ? Elle sera lue par quelques-uns de mes contemporains, et tombera bientôt dans l'oubli, au lieu que la diffamation parviendra sûrement aux siècles à venir, puisqu'elle est consignée dans le recueil des œuvres de M. *de Voltaire,* soit qu'elle parte de sa plume, soit qu'il ait eu seulement la faiblesse de l'adopter, soit que ses Libraires l'aient glissée sans son aveu dans cette unique édition qu'il avoue. Il arrivera donc que je me serai bien justifié, et que je resterai pourtant flétri. Mon siècle m'aura plaint, et la postérité me méconnaîtra. Cette postérité sans cesse renouvelée me retrouvera dans tous les volumes de cette immense collection dont elle fera ses délices. Car puis-je me dissimuler que les ouvrages de M. *de Voltaire* sont d'un genre à être longtemps l'unique lecture des femmes, des gens du monde, et même des gens de lettres ? Il a traité tant de sujets ; il y a répandu tant d'agrément ; il est si séduisant par les charmes de son style ; il est si commode à lire et si facile à retenir ! Il est quelquefois si plaisant dans ses libelles mêmes, dont

chaque phrase est un poignard renfermé dans un
éclair! En vérité, il est bien fâcheux de prévoir qu'on
sera diffamé à jamais dans un Recueil qui, selon les
apparences, sera sans cesse réimprimé et qui tiendra
lieu de bibliothèque à tant d'honnêtes gens. J'avoue
que la perspective d'une ignominie future, ineffaça-
ble, éternelle, répand l'amertume jusque sur la joie
que me donne ma justification prochaine.

Après bien des réflexions, je n'ai trouvé qu'un
seul remède. Mais aussi ce remède est infaillible,
et doit fermer pour jamais toutes mes blessures. C'est
l'exécution d'un projet que j'annonçai en 1752, dans
une *Lettre* imprimée [1]; projet que je n'ai jamais perdu
de vue. Depuis cette Lettre, j'ai toujours lu les œuvres de M. *de Voltaire*, la plume à la main; j'ai en-
registré exactement à la marge de mon exemplaire
tout ce qui s'est présenté dans mes études de relatif
à cet objet. Lorsque M. *de Voltaire* ou son espèce de
pseudonyme, recommença en 1766 les hostilités, je
repris ce projet avec une nouvelle ardeur, et vous
vous rappellerez, Messieurs, que vous en fûtes les
confidents. Il me parut tout simple de donner une
édition des OEuvres de M. *de Voltaire* avec des notes
courtes et utiles dans le goût de l'édition qu'il m'a-
vait fait l'honneur de donner chez vous des *Mémoires
de Madame de Maintenon*. Je me disais qu'en rendant
un service aux Lettres, je m'en rendais un à moi-
même, et que j'aurais l'occasion toute naturelle d'at-
tacher ma justification à chaque calomnie. Je m'en-
gageai dans ce travail avec toute l'application que

---

[1] Adressée à Madame Denys.

ma santé pouvait me permettre. Cette entreprise me parut moins considérable à mesure que j'avançais ; mais, quand elle aurait été plus vaste et plus pénible, j'étais puissamment encouragé par la certitude de faire passer l'antidote avec le poison à la postérité la plus reculée. J'osai me flatter que le public recueillerait avec plaisir le fruit d'une juste sensibilité. Il s'amuse des méchants ; mais il s'intéresse à ceux qui mettent un si haut prix à son estime. Juge des réputations, il sait que très peu d'hommes peuvent en acquérir une brillante, mais que tout citoyen doit aspirer à n'en pas laisser une mauvaise.

Cette édition paraîtra dès qu'il se présentera un libraire qui veuille copier l'édition *in-8°* des frères *Cramer*. Je lui remettrai mon manuscrit, à condition qu'il imprimera mon Commentaire au bas du texte ; qu'il fera une édition belle et correcte ; qu'il la donnera, malgré les augmentations, au même prix que celle des *Cramer*, et qu'il publiera séparément le Commentaire, en faveur des personnes qui ayant déjà ce Recueil ne voudront pas l'acheter une seconde fois. Qu'il me tarde que cette entreprise soit exécutée ! Ce n'est qu'à ce prix que je puis être tranquille. La mort, que mes infirmités me font envisager d'assez près, n'aura plus rien d'accablant pour moi ; je me dirai : Tu reçus de tes pères un nom sans tache ; tu le rends à tes enfants tel que tu le reçus.

Les gens de Lettres doivent, ce me semble, s'intéresser à mon projet. Ils liront avec plaisir l'apologie de tant de confrères que M. *de Voltaire* ou l'auteur qui a pris son masque, a satirisés, avilis, diffamés. Nos Illustres mêmes verront avec joie tant de grands noms défendus contre un écrivain audacieux qui voudrait ébranler les réputations les mieux affermies; car chacun d'eux doit se dire : Avec quel mépris cet homme qui nous ménage en public doit-il parler de nous dans le particulier, puisqu'il traite *Pascal* de rêveur, *Bossuet* de déclamateur, *Fénelon* d'écrivain faible et languissant, *La Fontaine* d'ennuyeux conteur, *Clarke* de métaphysicien absurde, *Rousseau* de versificateur, *Maupertuis* d'écolier, *Crébillon* d'énergumène, *Montesquieu* de goguenard?

En conséquence du projet dont je viens de vous rappeler le souvenir, je ferai paraître incessamment ma critique de *La Henriade*[1]. J'ai commencé par ce poëme, qui paraît le premier dans la collection des OEuvres de M. *de Voltaire*, et sur lequel il fonde principalement ses droits à l'immortalité. Ma critique est si honnête, si modérée, et j'ose le dire, si équitable, que, si elle déplaît à M. *de Voltaire*, il n'osera le témoigner. En écrivant j'ai totalement oublié l'auteur, et je ne me suis occupé que de l'ouvrage.

Je prévois que M. *de Voltaire* ne me tiendra nul compte de mes égards pour son mérite et pour sa réputation; il regardera ma Critique comme un attentat; il poussera les hauts cris; mais apparemment on le laissera crier. Dans le fond, je lui fais pendant sa vie le même honneur qu'il a fait au grand *Corneille* près d'un siècle après sa mort. Je le traite comme un de ces modèles rares dont les fautes peuvent être prises pour des beautés. Je l'élève, en quelque sorte, à la dignité d'auteur classique. Tous les

---

[1] Cette critique est toute prête. Elle formera un volume grand *in-12* d'environ 360 pages.

éloges sont épuisés pour lui. On le cite comme un oracle ; on le proclame le Coryphée des Philosophes ; on n'obtient que de lui des diplômes de bel-esprit ; on veut lui ériger une statue : honneur qu'on n'a pas encore rendu à *Corneille*, à *Molière*, à *Racine*, etc. : la Critique seule peut désormais augmenter la gloire d'un si grand homme, en l'engageant à corriger, suivant sa coutume, dans une nouvelle édition, tant de fautes qui lui sont échappées, et qu'il ne pourra plus désormais se dissimuler. Ses amis, ses enthousiastes, et lui-même, m'auront obligation de la perfection qu'il donnera, dans l'espace de quelques matinées, à ce qu'ils appellent son chef-d'œuvre.

Il serait sans doute beaucoup plus beau de faire une meilleure *Henriade*, une *Henriade* où il y eût du merveilleux, de l'intérêt, de l'éloquence et des mœurs ; c'est même une idée qui me tourmente depuis longtemps. Mais il faudrait plus de talent et surtout plus de santé que je n'en ai. Je me borne donc pour le présent à quelques remarques ; cette critique appartient de droit à MM. de l'Académie Française, puisque j'y ai pris pour modèle celle qu'ils firent du *Cid*. Je ne doute pas que cette Compagnie n'agrée mon hommage, puisqu'il ne serait pas possible d'imaginer une raison qui pût le lui faire refuser.

Pardon, Messieurs, de tous ces détails. J'ai cru devoir y entrer, pour mettre votre amitié à portée de détruire les bruits désavantageux qu'on répand sur mon compte.

J'ai l'honneur d'être, etc.

De La Beaumelle.

TABLE DES MATIÈRES